3. veränderte Auflage 2016
Die vorigen Auflagen erschienen unter dem Titel
„Leise pieselt das Reh"
© 2015 Klett Kinderbuch, Leipzig
Alle Rechte vorbehalten
Illustrationen, Umschlag, Layout und Gestaltung: Lilli L'Arronge
Text: Werner Holzwarth (wenn nicht anders angegeben)
Satz und Notensatz: Saskia Kunze
Musikalische Leitung und Produktion: Lotta Stein
Ton, Abmischung und Endbearbeitung der Aufnahmen: Robin Völkert
Projektleitung: Monika Osberghaus
Herstellung: Tropen Studios, Leipzig
Druck und Bindung: Livonia Print, Riga
Printed in Latvia

ISBN 978-3-95470-173-5

www.klett-kinderbuch.de

DIE SIND SCHULD

ABC- im KLO stand mal ein Reh

ALTES LIEDGUT FRISCH AUFGEPÖBELT

VON
WERNER HOLZWARTH

mit Bildern von
Lilli L'Arronge

 INHALT

Nach Seitenzahl

Alphabetisch

Alle meine Tantchen

Melodie: Alle meine Entchen

Al - le mei - ne Tant - chen wol - len ei - nen Kuss, wol - len ei - nen
Kuss. Klar, dass man für Star - wars* auch was mach - en muss.

Alle meine Tantchen wollten einen Kuss,
wollten einen Kuss.
Hab jetzt alle Starwars
und mit Kuss ist Schluss!

Alternative:
Alle meine Legos* schwimmen im Klosett,
schwimmen im Klosett.
Drückt man auf die Spülung,
sind sie alle weg.

** Hier könnt ihr alles einsetzen,
womit ihr gerne spielt: Starwars,
Barbies, Smarties, Playmos, Legos,
Flummis, Handys ...*

9

Hein Vogels Hochzeit

Melodie: Die Vogelhochzeit

Hein Vo-gel woll-te Hoch-zeit ma-chen, doch fehl-te ihm die Al-te, fi-de-

ra-la-la, fi-de-ra-la-la, fi-de-ra-la-la-la-la.

Bei Annegret, bei Annegret
fand er die Nase gar nicht nett,
fideralala …

Veronika war ihm nicht klug
und außerdem nicht schön genug,
fideralala …

Die Jette, die Jette,
die stank nach Zigarette,
fideralala …

Und Si-i-bel, ja Si-i-bel
roch ihm zu sehr nach Zwiebel,
fideralala …

Und Stefanie, die Stefanie,
die hatte viel zu spitze Knie,
fideralala …

An Carolin, an Carolin,
da hasste er das Doppelkinn,
fideralala …

Die Isabell, die Isabell,
die lachte ihm zu laut und grell,
fideralala …

Und Amelie, ja Amelie,
die musste zu oft Pi-Pi,
fideralala …

Ja je-e-de, fast je-ede
war Heinerich zu ble-ede,
fideralala ...

Und weil er keine andre fand,
hielt er dann an um Monis Hand,
fideralala ...

Doch Moni sagte: »Lieber Hein,
wer dich nimmt, muss doch dämlich sein!«,
fideralala ...

»Ich sage Dir ganz ohne Groll:
Du findst doch nur dich selber toll!«,
fideralala ...

So fiel Hein Vogels Hochzeit aus
und Heini ging allein nach Haus,
fideralala ...

... so hätte das Lied enden können.
Es kam aber alles ganz anders:

Doch dann – was es nicht alles gibt! –
hat Hein sich schließlich doch verliebt,
fideralala ...

Jetzt wollt ihr wissen, wer es war:
Der Glückliche hieß Waldemar,
fideralala ...

Ein Donut liegt im Auto

Melodie: Ein Männlein steht in Walde

Ein Do-nut liegt im Au-to seit Wo-chen rum. Er
hat aus lau-ter Flu-sen ein Mänt-lein um.
Sag, wer war da so ge-mein? Biss kurz in den Do-nut rein,
ließ ihn dann im Au-to so ganz al-lein.

Der Donut schluchzt im Auto leis vor sich hin.
»Ich sollt gegessen werden, das war mein Sinn.
Hatte mich so drauf gefreut,
war mit Schoko toll bestreut.
Keiner will mich haben, ich tu mir leid.«

So liegt er hier im Auto, die Träne rinnt.
Doch plötzlich geht die Tür auf, es kommt ein Kind.
Und mit seinem Händchen klein
schnappt es sich das Donutlein.
Bald schon werden beide glücklich sein.

Dumm, dumm, dumm

Melodie: Summ, summ, summ

Dumm, dumm, dumm, wer das glaubt, ist dumm: dass die O - mi nie - mals schim - pfte o - der je - mand Schlech - tes wünsch - te - dumm, dumm, dumm, dumm, dumm, wer das glaubt, ist dumm!

Dumm, dumm, dumm, wer das glaubt, ist dumm:
dass die Lehrer alles wissen,
niemals selber fragen müssen –
dumm, dumm, dumm, dumm, dumm, wer das glaubt, ist dumm!

Dumm, dumm, dumm, wer das glaubt, ist dumm:
dass die Eltern niemals lügen
und beim Spielen nie betrügen –
dumm, dumm, dumm, dumm, dumm, wer das glaubt, ist dumm!

Von den blauen Bergen kommen wir

Melodie: Von den blauen Bergen kommen wir, Text: trad.

Von den blau - en Ber - gen kom - men wir, un - ser
Leh - rer ist ge - nau - so doof wie wir. Mit der
Bril - le auf der Na - se sieht er aus wie'n Os - ter - ha - se, von den
blau - en Ber - gen kom - men wir.

Singen ja ja jippie jippie yeah,
singen ja ja jippie jippie yeah,
singen ja ja jippie, singen ja ja jippie,
singen ja ja jippie jippie yeah!

Von den blauen Bergen kommen wir,
unser Lehrer ist genauso doof wie wir.
Mit dem Gürtel um den Bauch
sieht er aus wie'n Gartenschlauch,
von den blauen Bergen kommen wir.

Singen ja ja jippie jippie yeah ...

Von den blauen Bergen kommen wir,
unser Lehrer ist genauso nett wie wir.
Gibt uns keine schlechten Noten,
denn wir haben's ihm verboten,
von den blauen Bergen kommen wir.

Singen ja ja jippie jippie yeah ...

Am Samstag Herr Bauer

Melodie: Im Märzen der Bauer

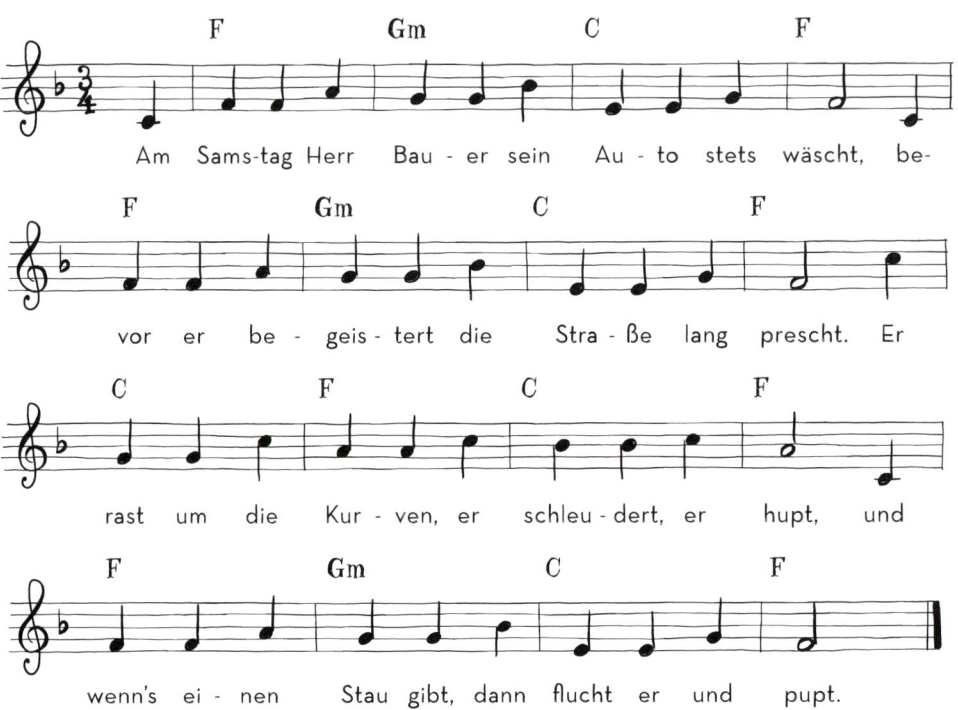

Am Sams-tag Herr Bau-er sein Au-to stets wäscht, be-
vor er be-geis-tert die Stra-ße lang prescht. Er
rast um die Kur-ven, er schleu-dert, er hupt, und
wenn's ei-nen Stau gibt, dann flucht er und pupt.

Es quietschen die Reifen,
es jault der Motor.
Herr Bauer gibt Bleifuß
und schreit: »Volles Rohr!«
Das Stoppschild, die Ampel,
was kümmern die ihn?
Er freut sich und jubelt,
wenn Fußgänger fliehn.

Heut früh fuhr Herr Bauer
um sechs Uhr schon fort.
Kein Mensch auf den Straßen:
»Ich brech' den Rekord!«
Dann kam Tempo fünfzig,
er rief: »So ein Stuss!«
Und sah nicht den Blitzer,
nun geht er zu Fuß.

KLICK

DAS WIRD BESTIMMT PRIMA!

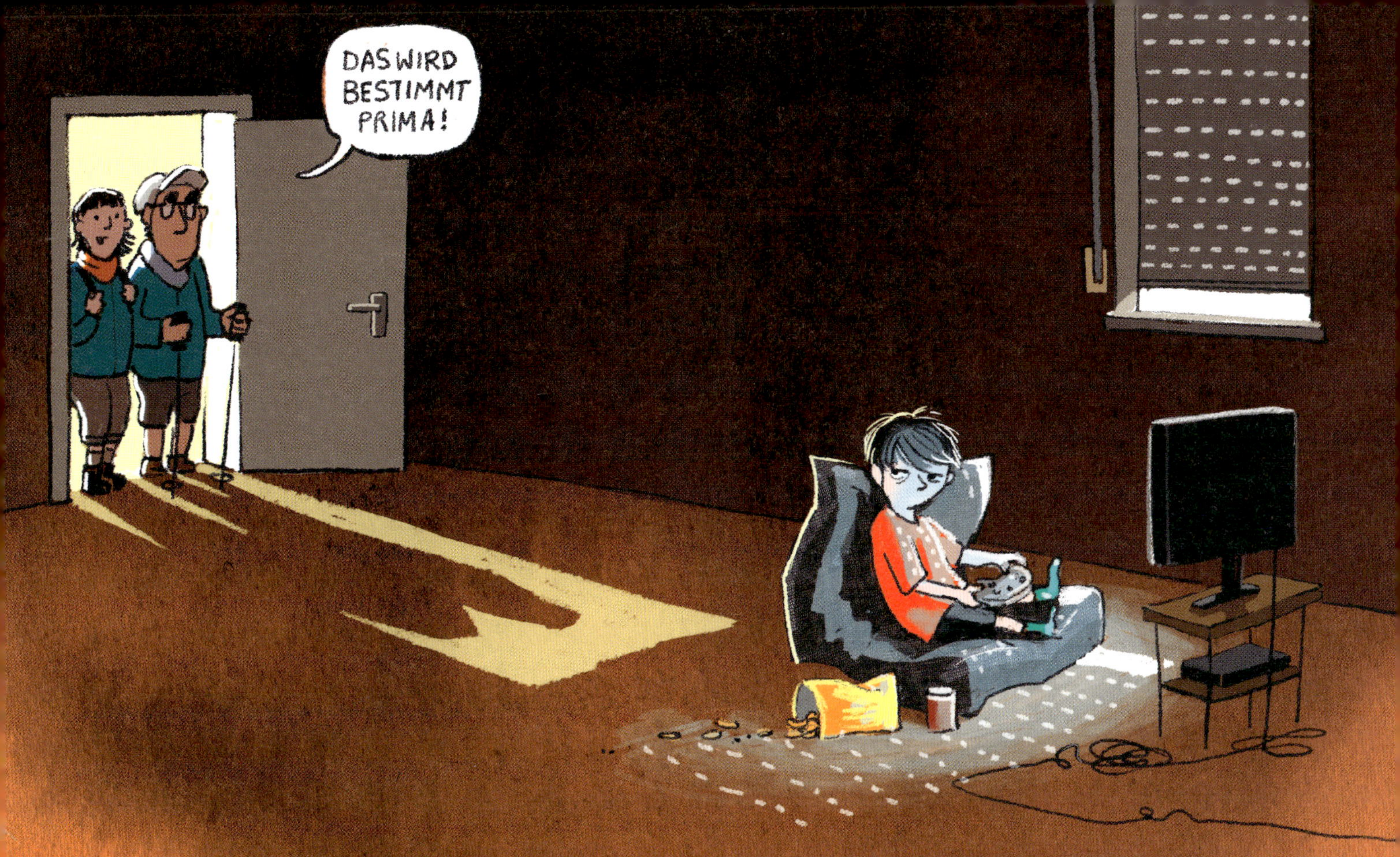

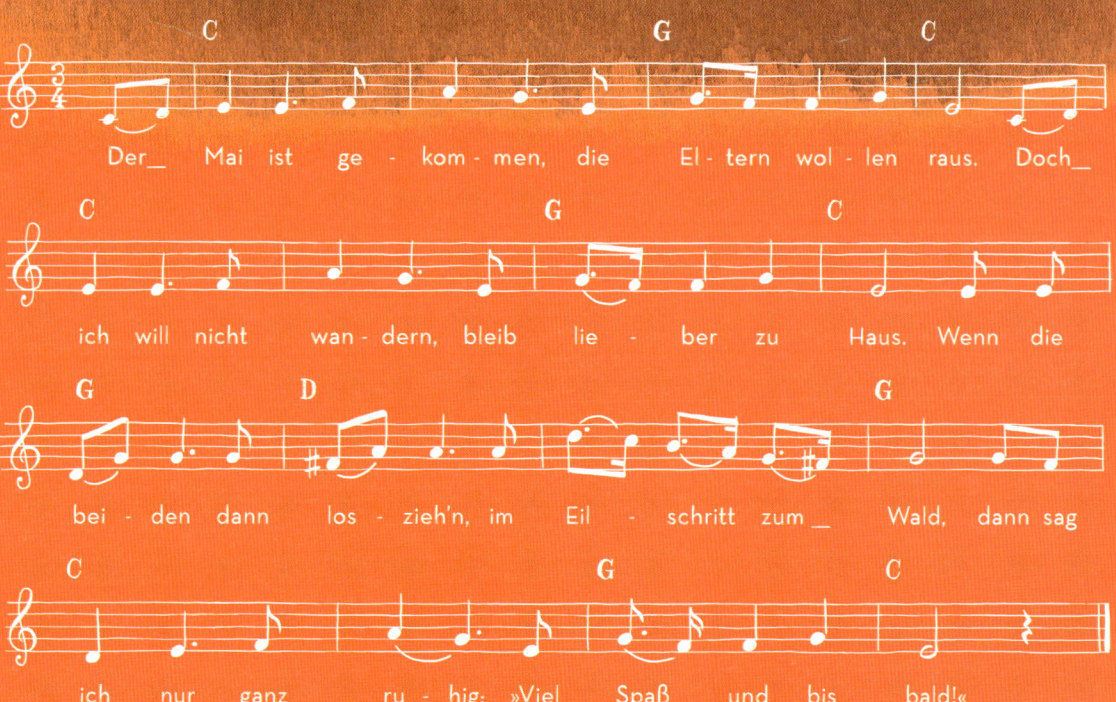

DER MAI IST GEKOMMEN

Melodie: Der Mai ist gekommen

C G C
Der_ Mai ist ge - kom - men, die El - tern wol - len raus. Doch_
C G C
ich will nicht wan - dern, bleib lie - ber zu Haus. Wenn die
G D G
bei - den dann los - zieh'n, im Eil - schritt zum_ Wald, dann sag
C G C
ich nur ganz ru - hig: »Viel Spaß_ und bis bald!«

Mein Höschen hat ein Loch am Po

Melodie: Dornröschen war ein schönes Kind

Mein Hös-chen hat ein Loch am Po, Loch am Po, Loch am Po, mein

Hös-chen hat ein Loch am Po, Loch am Po.

Jetzt kommt durchs Höschen Wind hinein,
Wind hinein, Wind hinein,
jetzt kommt durchs Höschen Wind hinein,
Wind hinein.

Drum geb ich's einem Räubersmann,
Räubersmann, Räubersmann,
drum geb ich's einem Räubersmann,
Räubersmann.

Der macht sich eine Maske draus,
Maske draus, Maske draus,
der macht sich eine Maske draus,
Maske draus.

Damit raubt er ein Bankhaus aus,
Bankhaus aus, Bankhaus aus.
Damit raubt er ein Bankhaus aus,
Bankhaus aus.

Und dann von seinem ganzen Geld,
ganzen Geld, ganzen Geld,
und dann von seinem ganzen Geld,
ganzen Geld

krieg ich ein Höschen ohne Loch,
ohne Loch, ohne Loch,
krieg ich ein Höschen ohne Loch,
ohne Loch.

Und kommt dann mal ein Loch hinein,
Loch hinein, Loch hinein,
und kommt dann mal ein Loch hinein,
Loch hinein,

dann geb ich's einem Räubersmann,
Räubersmann, Räubersmann …

… und dann weiter wie in der 4. Strophe

Grün und weiß

Melodie: Grün, grün, grün sind alle meine Kleider

Grün und weiß sind al-le mei-ne Fah-nen, grün und
weiß sind al-le mei-ne Schals. Da-rum_ lieb ich
al-les, was grün-weiß ist, weil ich Fan von Wer-der Bre-men bin.

Rot und weiß sind alle meine Fahnen,
rot und weiß sind alle meine Schals.
Darum lieb ich alles, was rot-weiß ist,
weil ich Fan von Bayern München bin.

Gelb und schwarz sind alle meine Fahnen,
gelb und schwarz sind alle meine Schals.
Darum lieb ich alles, was gelb-schwarz ist,
weil ich Fan von Borussia Dortmund bin.

*Nun ist ja nicht jeder ein Bayern-Fan.
Daher – falls ihr Fans eines anderen Vereins
seid, setzt einfach die richtigen Farben
und Vereinsnamen ein. Das klappt vom
FC Barcelona (blau und rot) bis zum
SV Kleinochsenfurt (rot und schwarz).*

Ringel, Ringel, Reihe

Melodie: Ringel, Ringel, Reihe

Ringel, Ringel, Reihe,
sind der Cowboys Dreie,
sitzen hier in der Prärie,
brüllen alle laut: »Yip-pieh!«

Ringel, Ringel, Reihe,
sind der Gäule Dreie,
hauen ab im Schweinsgalopp,
Cowboys brüllen:
»Stopp! Stopp! Stopp!«

Ringel, Ringel, Reihe,
sind der Kühe Dreie,
sehn den blöden Cowboys zu,
ohne Gäule –
»Muh! Muh! Muh!«

O Tannenbaum

Melodie: O Tannenbaum, Text: trad.

O Tan - nen - baum, o Tan - nen - baum, die O - ma hängt am

Gar - ten - zaun. Der O - pa ruft die Feu - er - wehr, die

O - ma schreit: »Ich kann nicht mehr!« O Tan - nen - baum, o

Tan - nen - baum, die O - ma hängt am Gar - ten - zaun.

O Tannenbaum, o Tannenbaum,
der Opa sitzt im Kofferraum.
Die Oma knallt die Klappe zu,
der Opa schreit: »Du blöde Kuh!«
O Tannenbaum, o Tannenbaum,
der Opa sitzt im Kofferraum.

O Tannenbaum, o Tannenbaum,
die Oma schlägt 'nen Purzelbaum.
Der Opa ruft die Feuerwehr,
die Feuerwehr kommt nackt daher!
O Tannenbaum, o Tannenbaum,
die Oma schlägt 'nen Purzelbaum.

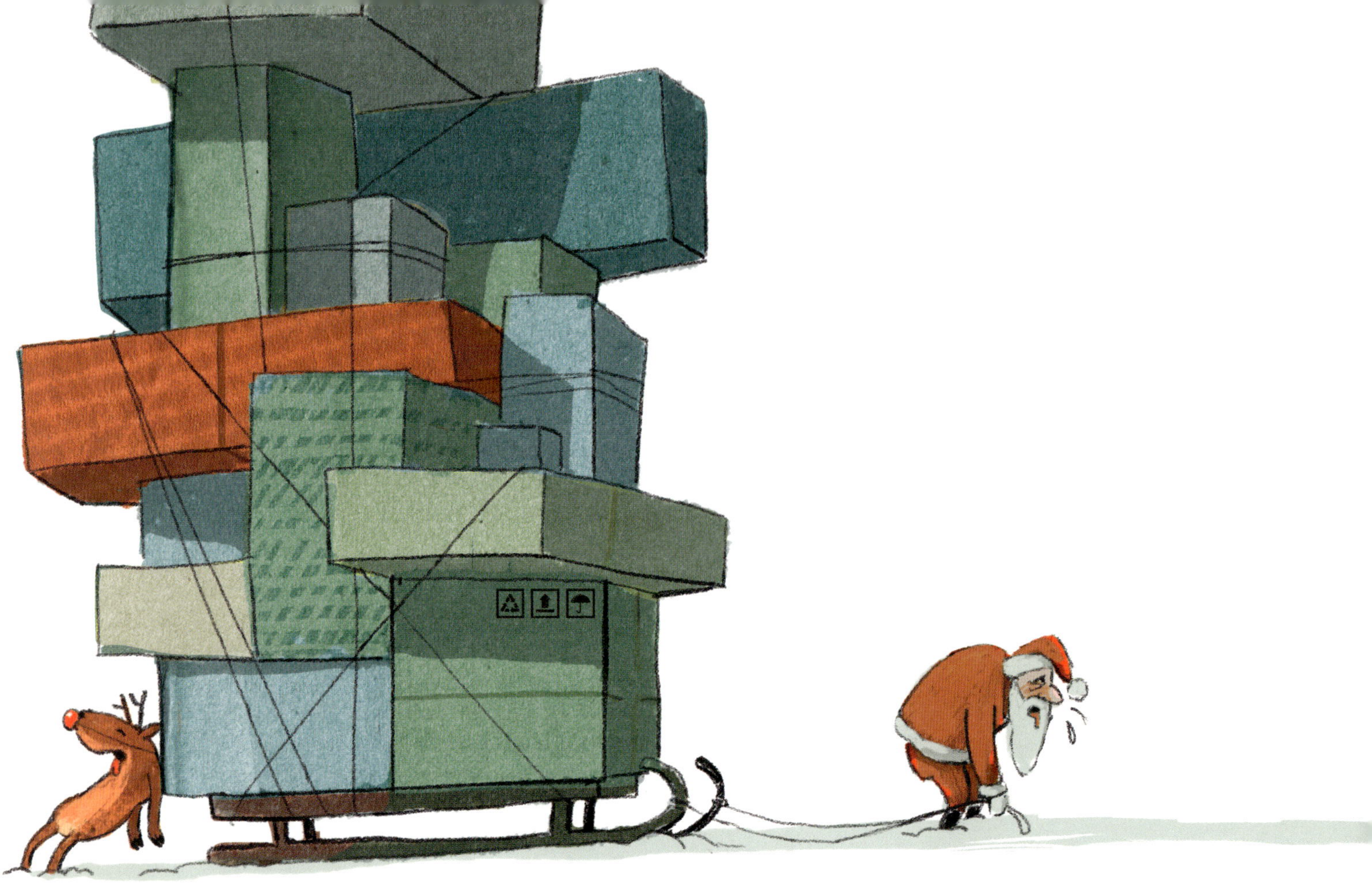

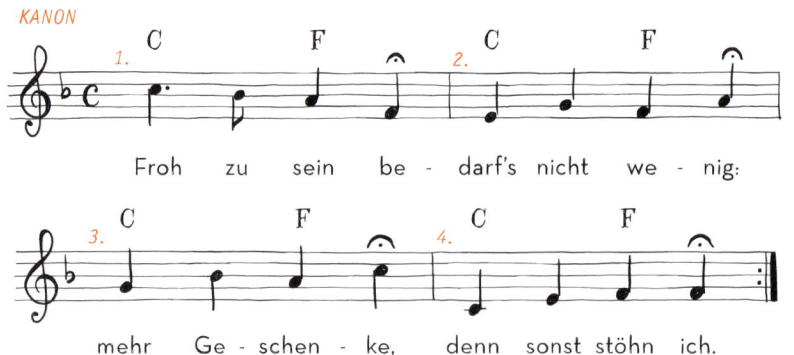

Froh zu sein bedarf's nicht wenig

Melodie: Froh zu sein bedarf es wenig

KANON
1. C F 2. C F
Froh zu sein be - darf's nicht we - nig:
3. C F 4. C F
mehr Ge - schen - ke, denn sonst stöhn ich.

Gans, du hast den Fuchs gestohlen

Melodie: Fuchs, du hast die Gans gestohlen

Gans, du hast den Fuchs ge - stoh - len, lass den Blöd - sinn

sein! Lass den Blöd - sinn sein!

Denn ich sag's dir un - ver - hoh - len: Das glaubt Dir kein Schwein,___

denn ich sag's dir un - ver - hoh - len: Das glaubt Dir kein Schwein.

EY, DAS, GLAUB' ICH JETZT NICHT!

ABC, IM KLO STAND MAL EIN REH

Melodie: ABC, die Katze lief im Schnee

A   B   C,   im   Klo   stand   mal   ein   Reh.   Es

sag - te   höf - lich: »Ich heiß Fritz!« und   such - te   sich 'nen   frei - en   Sitz.

A   B   C,   im   Klo   stand   mal   ein   Reh.

ABC, im Klo stand mal ein Reh.
Es war ein wirklich saub'res Tier
und nahm drei Meter Klopapier.
ABC, im Klo stand mal ein Reh.

ABC, im Klo stand mal ein Reh.
Es drückte auf die Spülung drauf
und haute ab im Dauerlauf.
ABC, da war im Klo ein See.

Kacka, Kacka, ruft's aus dem Klo

Melodie: Kuckuck, Kuckuck, ruft's aus dem Wald

Kak - ka, Kak - ka, ruft's aus dem Klo. Mo - ritz muss drü - cken,

A - A soll glü - cken. Kak - ka, Kak - ka, ruft's aus dem Klo.

Kacka, Kacka, ruft's aus dem Klo.
A-A gema-acht!
Klein-Moritz la-acht:
Kacka, Kacka, Kacka am Po!

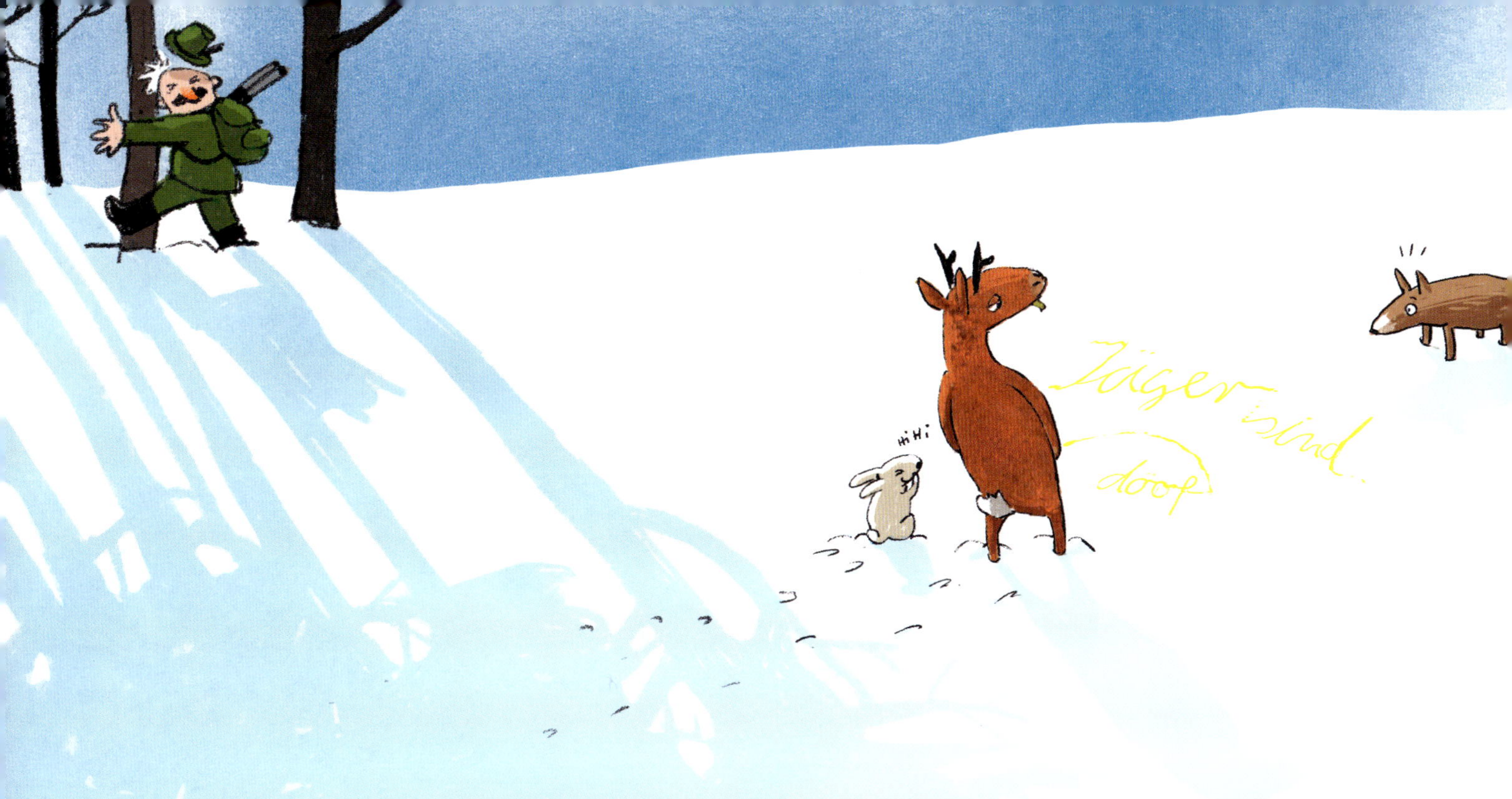
HiHi
Jäger sind doof

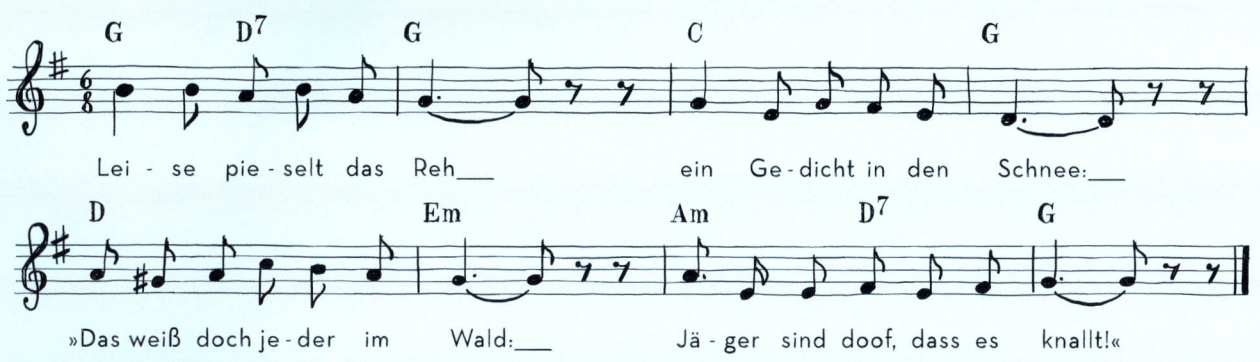

Leise pieselt das Reh

Melodie: Leise rieselt der Schnee

G D7 G C G
Lei - se pie - selt das Reh___ ein Ge - dicht in den Schnee:___
D Em Am D7 G
»Das weiß doch je - der im Wald:___ Jä - ger sind doof, dass es knallt!«

Dann verpisst sich das Tier
schnell aus dem Jagdrevier.
Denn wer kommt gleich drauf daher?
Der Jäger mit seinem Gewehr.

Sieht das Gelbe im Schnee,
denkt: Das war doch ein … Häschen
oder vielleicht ein Schakal?
Ach, was soll's – ist doch egal.

Es pupsen die Kinder

Melodie: Es tönen die Lieder

Es pup-sen die Kin-der, die El-tern nicht min-der, es

pupst selbst_ die_ O - ma, wenn kei-ner_ sie_ hört: pbrr-

pbrr-pbrr-pbrr-pbrr-pbrr-pbrr - pbrr-pbrr-pbrr - pbrr-pbrr-pbrr-pbrr-pbrr-pbrr - pbrr.

Variationen:

1. Die feine Tante macht nur ganz leise:
   pü-pü-pü-pü-pü-pü-püüülp – sie ist ja schließlich eine Dame!
2. Der Opa dagegen knattert und trötet: phö-phö-phö-phö-phö...
3. Klein-Lisa pupst geräuschlos, aber dafür mit einem Duft,
   der alle umhaut: igitti-gitti-gitti-gi-gitt ..
4. Und eure Klassenlehrerin Frau Bertram? Die versucht zu
   vertuschen, was sie da macht: hust, hust, pbrr, hust, hust, äh, äh, ...
5. Bestimmt fällt dir noch mehr ein!

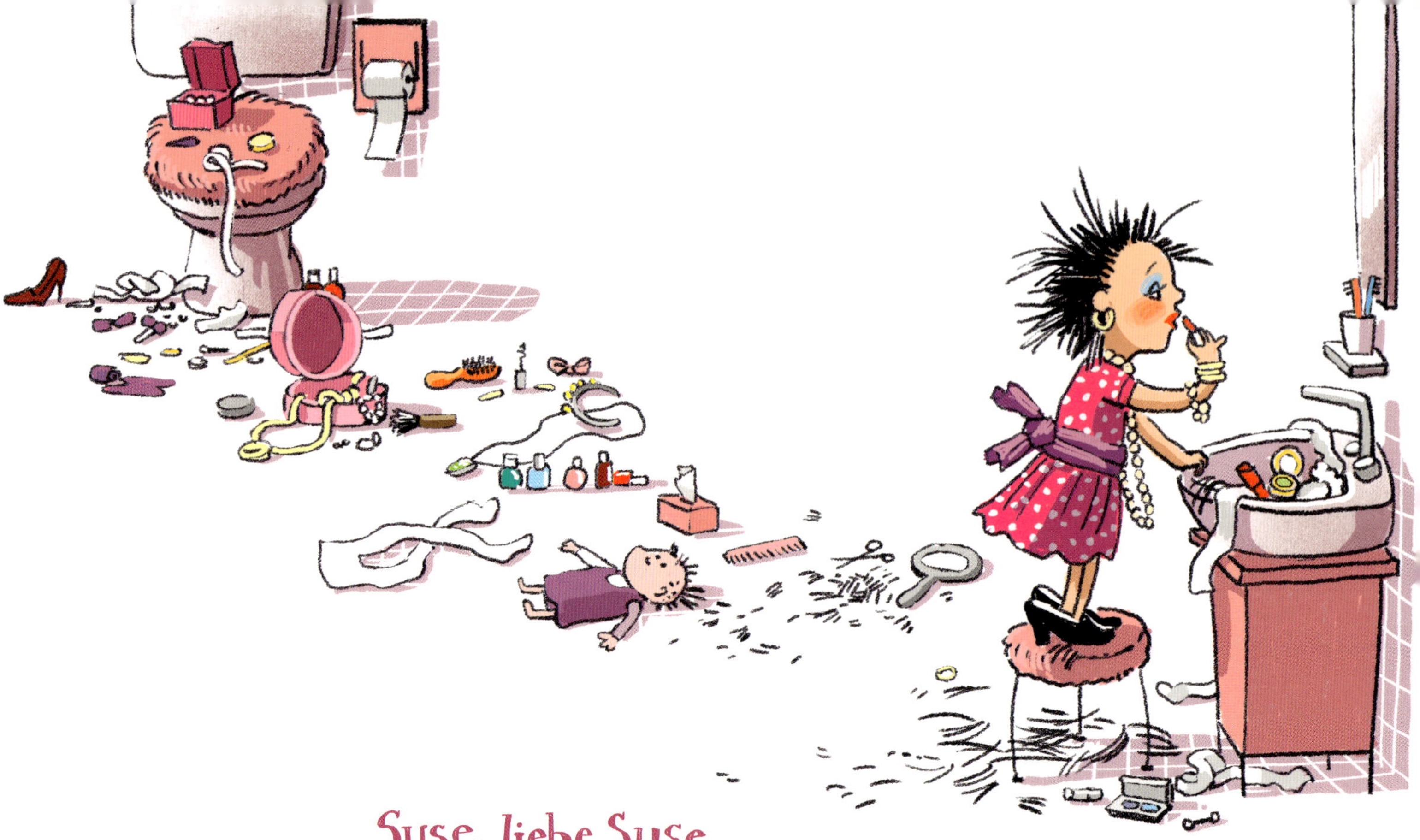

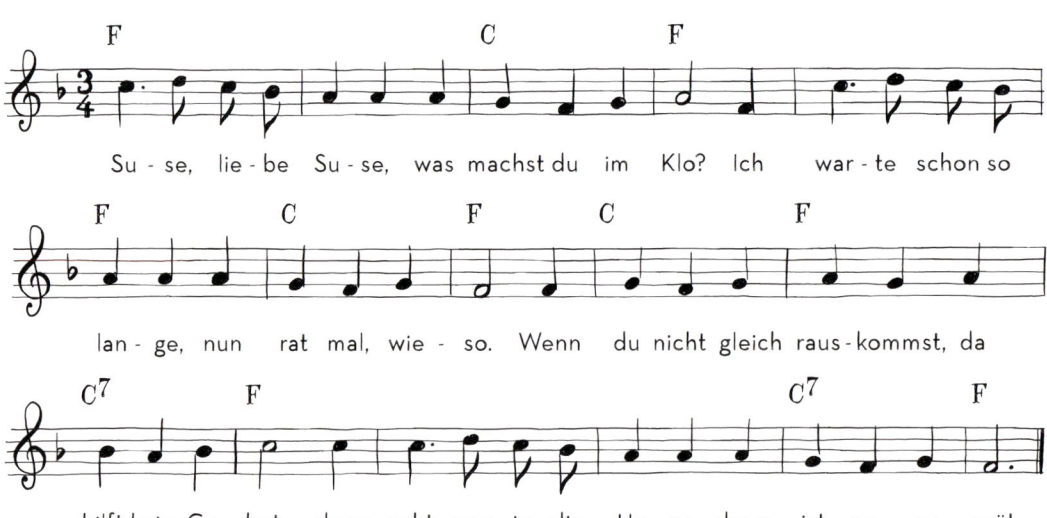

Suse, liebe Suse, was machst du im Klo

Melodie: Suse, liebe Suse, was raschelt im Stroh

F C F
Su - se, lie - be Su - se, was machst du im Klo? Ich war - te schon so
F C F C F
lan - ge, nun rat mal, wie - so. Wenn du nicht gleich raus - kommst, da
C7 F C7 F
hilft kein Ge - bet – dann geht was in die Ho - se, dann ist es zu spät.

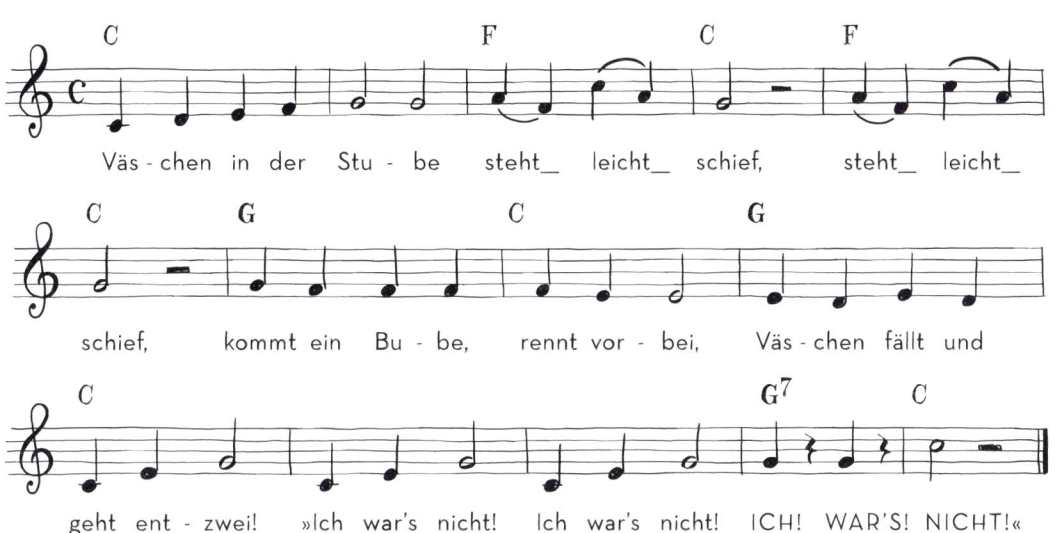

Väschen in der Stube

Melodie: Häschen in der Grube

C F C F
Väs - chen in der Stu - be steht_ leicht_ schief, steht_ leicht_
C G C G
schief, kommt ein Bu - be, rennt vor - bei, Väs - chen fällt und
C G7 C
geht ent - zwei! »Ich war's nicht! Ich war's nicht! ICH! WAR'S! NICHT!«

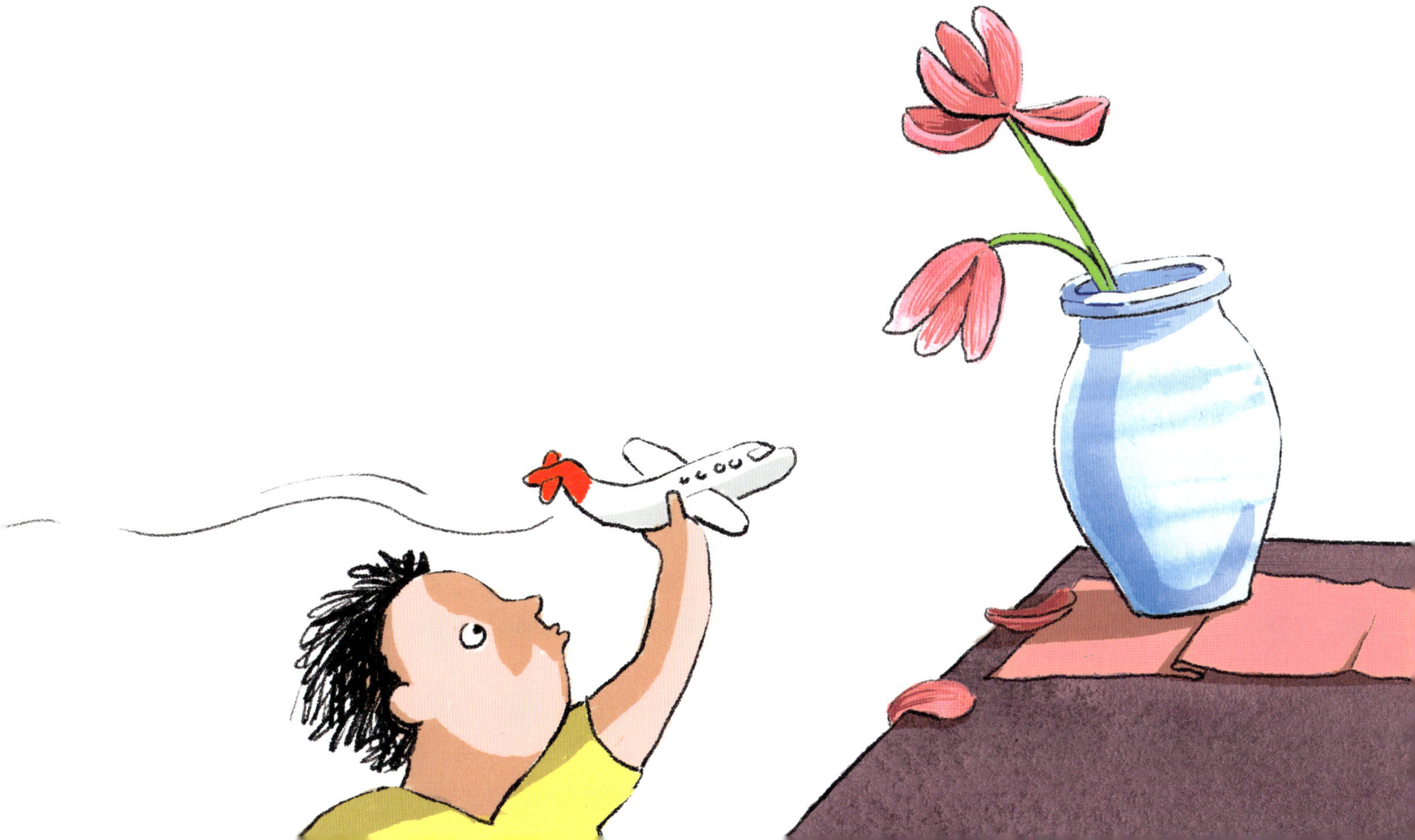

BUNT SIND SCHON DIE WÄNDE

Melodie: Bunt sind schon die Wälder

Bunt sind schon_ die Wän - de, dick ver-schmiert_ die
Hän - de, al - les ist__ be - malt.
Schwar - ze To - ten - kö - pfe zie - ren Kü - chen-
töp - fe und_ das Büb - chen strahlt.

Monster mit drei Nasen,
Schiffe, Vögel, Hasen,
Schwerter und fünf Colts,
Menschen ohne Bäuche,
statt den Beinen Schläuche.
Bübchen ist sehr stolz.

Grad malt er 'nen Kutter,
da steht plötzlich die Mutter,
Augen weit vor Schreck.
Denkt nicht dran zu loben,
fängt gleich an zu toben.
Bübchen rennt schnell weg.

Auf der Wandtapete
startet eine Rakete,
Haie schwimmen im Meer.
Links ein Riesendrachen
hat ein Bein im Rachen,
Bübchen freut sich sehr.

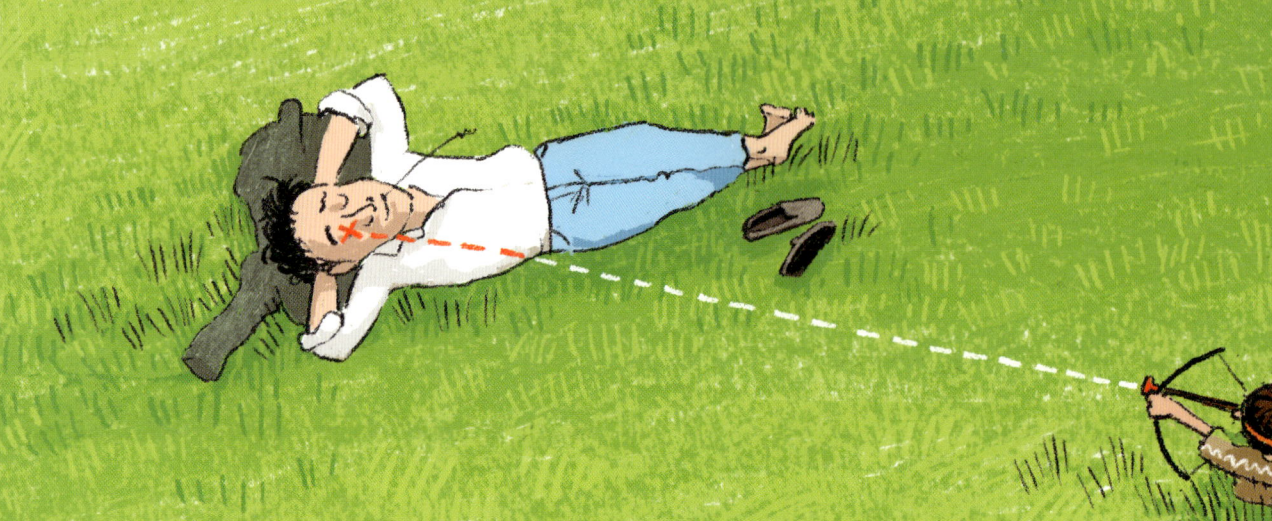

KOMMT EIN PFEIL ANGEFLOGEN

Melodie: Kommt ein Vogel geflogen

Kommt ein Pfeil an-ge-flo-gen, streift den Pa-pa am Ge-sicht. Brüllt der Pa-pa: »Mein Söhn-chen! Bist ja wohl nicht ganz dicht!«

Sagt der Sohn: »Lieber Papa,
oh Verzeihung, hab geschielt!
Wollte dich doch gar nicht streifen,
hab aufs Auge gezielt.«

DER TEIG IST AUFGEGANGEN

Melodie: Der Mond ist aufgegangen

Der Teig ist auf - ge - gan - gen, die Weih - nachts - plätz - chen pran - gen und

duf - ten wun - der - bar. Das Kind steht da und schwei - get und

aus dem Back - blech stei - get ver - füh - re - risch der Duft so nah.

Die Mutter ist gegangen.
Das steigert das Verlangen.
Es duftet gar zu frech.
Das Mädchen ist alleine,
die Hände kriegen Beine,
marschieren hin zum heißen Blech.

Ruck- zuck ist weg das Erste
und das war auch das Schwerste,
von nun an geht's ganz leicht.
Mama schon lang vergessen,
die Plätzchen aufgegessen,
als plötzlich unser Kind erbleicht.

Von draußen hört man Kratzen.
Zum Glück sind's nur die Katzen,
schnell lässt das Kind sie rein.
»Muss mal kurz raus, ihr Miezen,
doch bitte nichts stibitzen,
denn sonst wird Mama sauer sein.«

DER YUSSUF UND DIE GRETEL

Melodie: Der Kuckuck und der Esel

Der Yus-suf und die Gre-tel die hat-ten ei-nen Streit: Wer__

wohl am bes-ten spu-cke, wer__ wohl am bes-ten spu-cke, schön

flüs-sig und ganz weit, __ schön flüs-sig und ganz weit.

Der Yussuf sprach: »Ich kann es!«,
und fing gleich an zu spei'n.
»Ich aber kann es besser,
ich aber kann es besser«,
fiel gleich die Gretel ein,
fiel gleich die Gretel ein.

So spuckten alle beide
hinab auf die Chaussee.
Die Gretel traf Herrn Maier,
die Gretel traf Herrn Maier,
und Yussuf in den Tee,
und Yussuf in den Tee.

Ein Röckchen, zwei Söckchen

Melodie: Schneeflöckchen, Weißröckchen

Ein _ Röck - chen, zwei Söck - chen, ein _ Hös - chen, zwei-

Schuh –, fehlt _ nur noch ein E - sel, und _ fer - tig bist du.

Junge:

Ein Röckchen, zwei Söckchen,
ein Höschen, drin du –,
nein, das ist kein Esel,
das ist eine Kuh.

Mädchen:

Ein Röckchen, zwei Söckchen
und fliegende Schuh –,
gleich hast du zwei Beulen
mit Gruß von der Kuh!

40

Auf der Mauer Stinkesauer

Melodie: Auf der Mauer, auf der Lauer

Auf der Mau-er, stin-ke-sau-er, sitzt ein klei-ner Jun-ge.

Auf der Mau-er, stin-ke-sau-er, sitzt ein klei-ner Jun-ge.

Schau dir mal den Jun-gen an, wie der bö-se gu-cken kann –

Auf der Mau-er, stin-ke-sau-er, sitzt ein klei-ner Jun-ge.

|: Auf der Mauer, stinkesauer,
sitzt ein kleiner Jung.:|
Schau dir mal den Jung an,
wie der böse guck kann –
Auf der Mauer, stinkesauer,
sitzt ein kleiner Jung.

|: Auf der Mauer, stinkesauer,
sitzt ein kleiner J.:|
Schau dir mal den J. an,
wie der böse g. kann –
Auf der Mauer, stinkesauer,
sitzt ein kleiner J.

|: Auf der Mauer, stinkesauer,
sitzt ein kleiner Ju.:|
Schau dir mal den Ju an,
wie der böse gu kann –
Auf der Mauer, stinkesauer,
sitzt ein kleiner Ju.

|: Auf der Mauer, stinkesauer,
sitzt ein kleiner ...:|
Schau dir mal den ... an,
wie der böse ... kann –
Auf der Mauer, stinkesauer,
sitzt ein kleiner ...

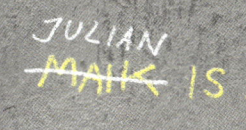

JULIAN
MAHK IS DOOF

WENN ICH EIN MONSTER WÄR...

Melodie: Wenn ich ein Vöglein wär'

Wenn ich ein Mon-ster wär' und gro-ßen Hun-ger hätt',
fräß' ich dich auf. Weil's a - ber nicht kann sein,
weil's a - ber nicht kann sein, geb _ ich es auf.

Wenn ich ein Cowboy wär'
und auch ein Lasso hätt',
fing ich dich ein.
Weil's aber nicht kann sein,
weil's aber nicht kann sein,
bleib ich allein.

Wenn ich ein Räuber wär'
und 'nen Revolver hätt',
raubt ich dich aus.
Weil's aber nicht kann sein,
weil's aber nicht kann sein,
ist das Lied jetzt aus.

BRÜDERCHEN, KOMM SPIEL MIT MIR!

Melodie: Brüderchen, komm tanz mit mir

Brü-der-chen, komm spiel mit mir! Mei-ne Lil-ly reich ich dir:

Wieg sie hin, wieg sie her, Pup-pen spie-len ist nicht schwer!

Mit dem Köpfchen nick, nick, nick,
mit dem Kleidchen schick, schick, schick,
wieg sie hin, wieg sie her,
wetten, das gefällt dir sehr.

Schwesterchen, ich mag das nicht!
Dieses Spiel ist lächerlich:
Wieg sie hin, wieg sie her,
nein, das langweilt mich zu sehr.

Schwesterchen, komm spielen wir
lieber Ritter-Burgturnier.
Lanze kreuz, Lanze quer,
Ritterkampf ist gar nicht schwer.

Mit den Schwertern klapp, klapp, klapp,
mit den Füßen trapp, trapp, trapp,
Lanze kreuz, Lanze quer,
wetten, das gefällt dir sehr.

Brüderchen, ich mag das nicht!
Ritterkampf ist widerlich:
Lanze kreuz, Lanze quer,
nein, das spiel ich niemals mehr.

Es tanzt ein Ri-Ra-Rotzemann

Melodie: Es tanzt ein Bi-Ba-Butzemann

Es tanzt ein Ri-Ra-Rotzemann in unserm Haus herum dideldum, es tanzt ein Ri-Ra-Rotzemann in unserm Haus herum. Die Tropfen fliegen kreuz und quer in allen Zimmern hin und her. Es tanzt ein Ri-Ra-Rotzemann in unserm Haus herum.

Es tanzt ein Ri-Ra-Rotzemann in unserm Haus herum dideldum,
es tanzt ein Ri-Ra-Rotzemann in unserm Haus herum.
Er niest und schnieft und räuspert sich
und wirft sein Rotztuch hinter sich.
Es tanzt ein Ri-Ra-Rotzemann in unserm Haus herum.

Es tanzt ein Ri-Ra-Rotzemann in unserm Haus herum dideldum,
es tanzt ein Ri-Ra-Rotzemann in unserm Haus herum.
Ich hab mich schnell vor ihm versteckt,
doch trotzdem sofort angesteckt –
tanz jetzt als Ri-Ra-Rotzemann in unserm Haus herum.

Pickel ade

Melodie: Winter ade

Pi - ckel a - de, Schei - den tut weh. A - ber dein Schei - den __ macht,

dass ich laut drü - ber __ lach! Pi - ckel a - de, Schei - den tut weh.

Pickel ade, Scheiden tut weh.
Gerne vergess ich dein,
doch da, wie hundsgemein,
kommt schon, ach nee,
der nächste – oh je!

Hänschen Schwein

Melodie: Hänschen klein

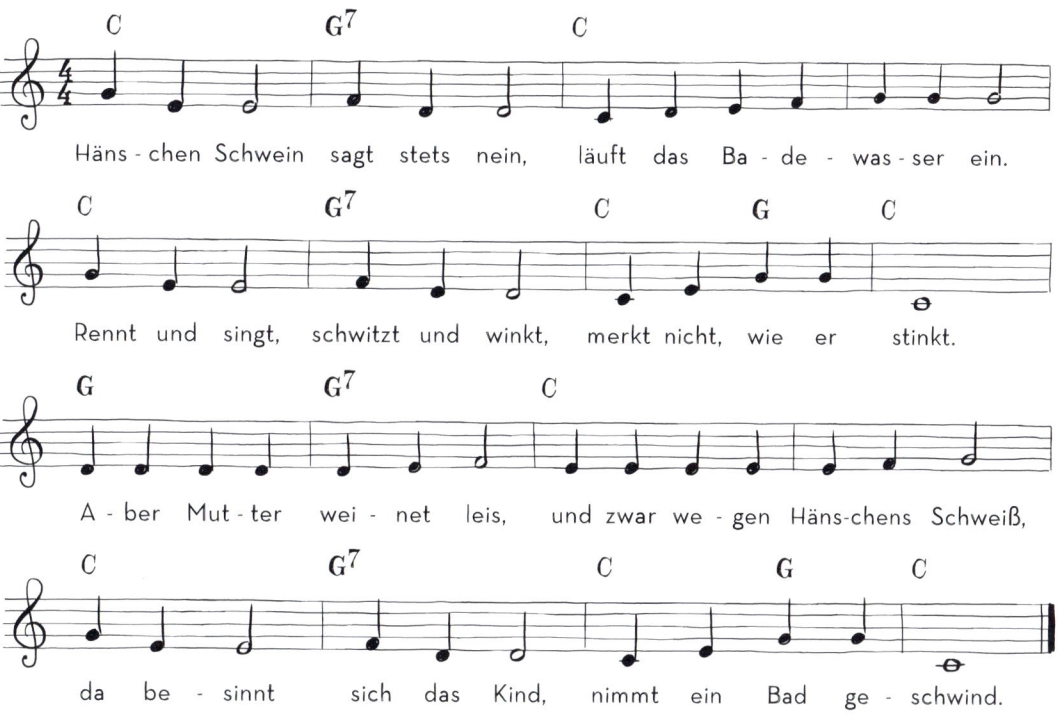

Häns - chen Schwein sagt stets nein, läuft das Ba - de - was - ser ein.

Rennt und singt, schwitzt und winkt, merkt nicht, wie er stinkt.

A - ber Mut - ter wei - net leis, und zwar we - gen Häns-chens Schweiß,

da be - sinnt sich das Kind, nimmt ein Bad ge - schwind.

Zwanzig Jahr, wirklich wahr,
Hänschen in der Fremde war.
Dann besann sich der Mann,
eilt so schnell er kann.
Ob die Mutter mich erkennt?,
denkt er, als er heimwärts rennt.
»Hans ist da!«, ruft Mama.
»Riech doch nur, Papa.«

10 kleine Milchzähnlein

Melodie: Zehn kleine Ne~~gerle~~in

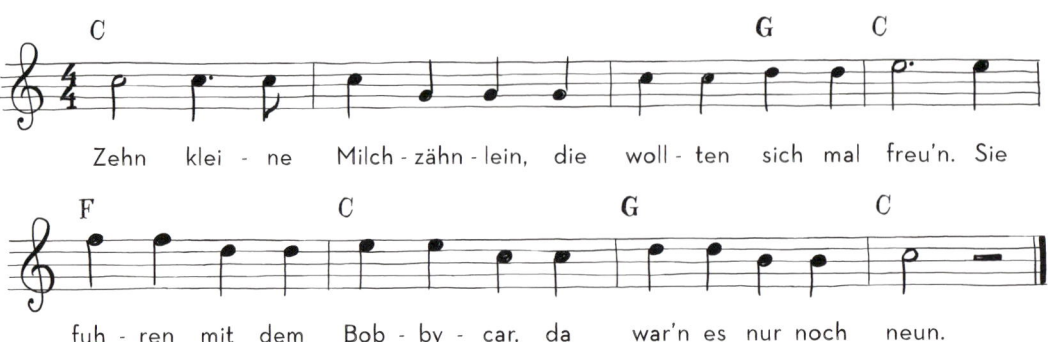

C G C
Zehn klei - ne Milch - zähn - lein, die woll - ten sich mal freu'n. Sie
F C G C
fuh - ren mit dem Bob - by - car, da war'n es nur noch neun.

Neun kleine Milchzähnlein,
die hatten nicht bedacht,
dass in den Kirschen Kerne sind.
Da war'n es nur noch acht.

Acht kleine Milchzähnlein,
die haben gern geschrieben.
Das eine biss den Bleistift durch,
da war'n es nur noch sieben.

Sieben kleine Milchzähnlein,
die war'n total perplex,
als einer meinte: »Ich hau ab!«
Da war'n es nur noch sechs.

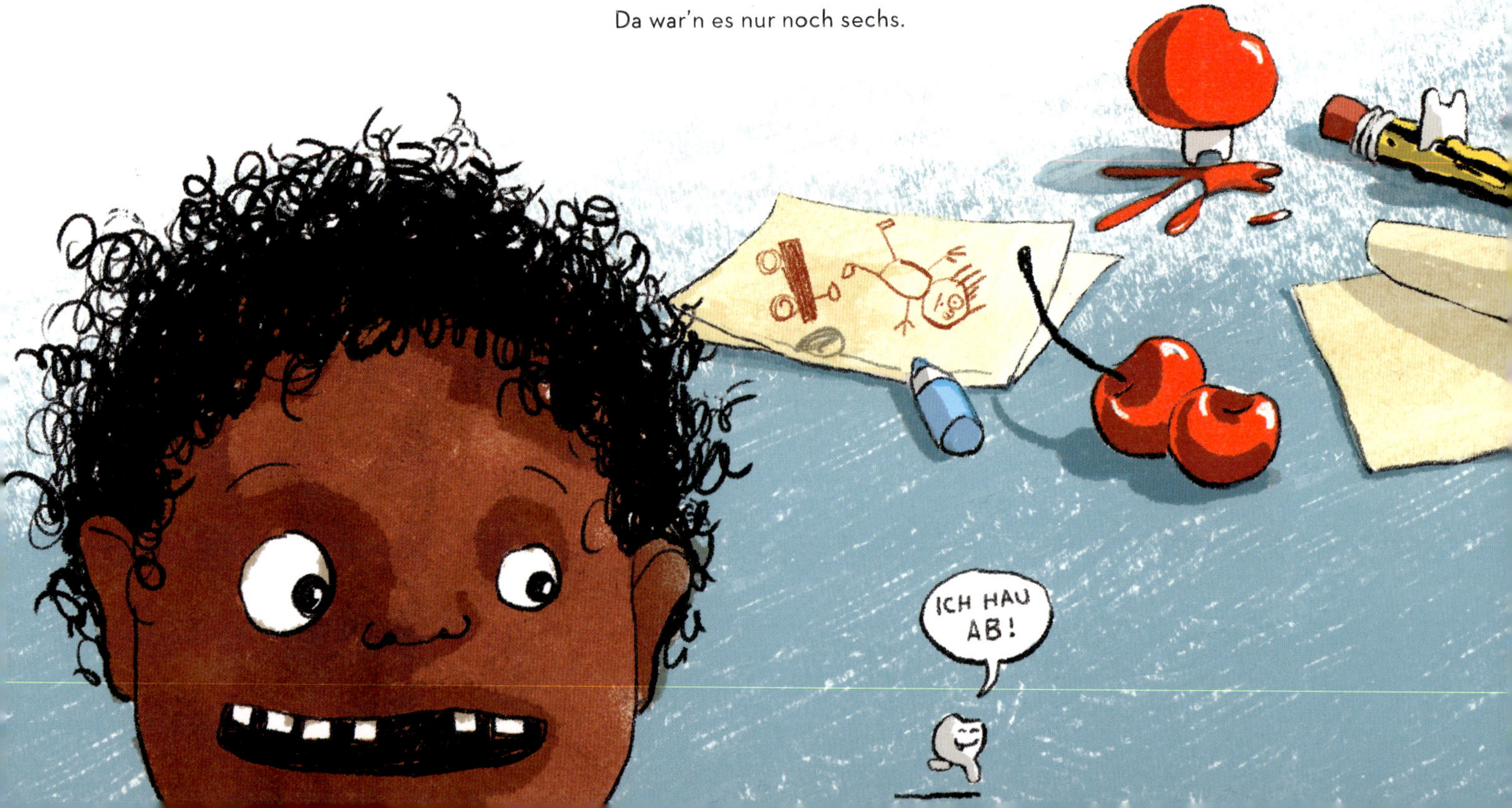
ICH HAU AB!

Sechs kleine Milchzähnlein,
die aßen voller Gier
ein Kilo Karamellbonbons.
Da war'n es nur noch fünf – nein, vier.

Vier kleine Milchzähnlein
und eine Keilerei:
Ein Stoß, ein Tritt, ein Knacks, ein Schrei –
da war'n es nur noch drei.

Hi !

Drei kleine Milchzähnlein
in einer Fleischerei:
Die Knackwurst, die war viel zu hart.
Da war'n es nur noch zwei.

Zwei kleine Milchzähnlein,
der eine sagte: »Kleiner,
ich beiß jetzt mal ins Lego rein!«
Da war es nur noch einer.

Ein kleines Milchzähnlein,
das wackelte gar sehr.
Der Vater hat kurz zugelangt,
dann war kein Milchzahn mehr.

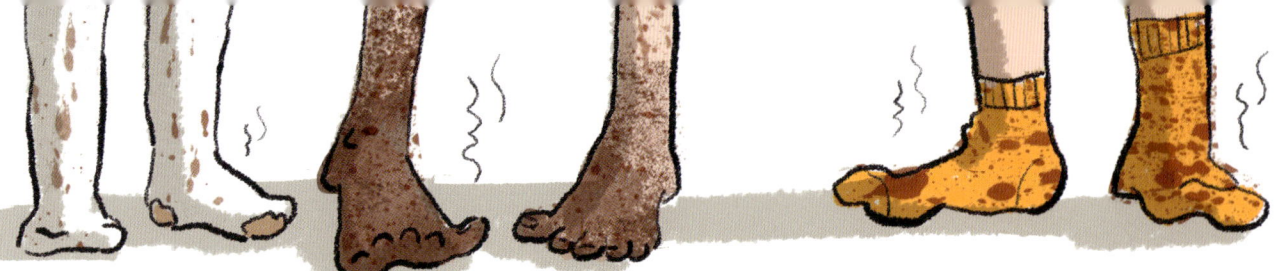

Zeigt her eure Füße, macht auf eure Schuh

Melodie: Zeigt her eure Füße, zeigt her eure Schuh´

Zeigt her eu-re Fü-ße, macht auf eu-re Schuh, doch

hal-tet euch da-bei die Na-se fest zu. Sie

stin-ken, sie stin-ken, sie stin-ken den gan-zen Tag! Sie

stin-ken, sie stin-ken, sie stin-ken den gan-zen Tag!

Zeigt her eure Hände, die Finger lasst sehn,
zeigt her eure Nägel, und zwar alle zehn.

Wie dreckig, wie dreckig, wie dreckig den ganzen Tag!
Wie dreckig, wie dreckig, wie dreckig den ganzen Tag!

Zeigt her eure Ohren, zeigt her euren Hals,
der Hals ist okay, doch die Ohren sind voll Schmalz.

Wie klebrig, wie klebrig, wie klebrig den ganzen Tag!
Wie klebrig, wie klebrig, wie klebrig den ganzen Tag!

Wer will richtige Dreckspatzen seh'n

Melodie: Wer will fleißige Handwerker sehn...

Wer will rich-ti-ge Dreck-spat-zen sehn? Der muss zu uns Kin-dern gehn.

Pitsch und Patsch, Pitsch und Patsch, ach, wie herr-lich klebt der Matsch!

Wer will richtige Dreckspatzen sehn?
Der muss zu uns Kindern gehen.
Pfütz um Pfütz, Pfütz um Pfütz,
oh, wie wunderbar das spritzt!

Wer will richtige Dreckspatzen sehn?
Der muss zu uns Kindern gehn.
Schlürf und Schmatz, Schlürf und Schmatz,
hui, wie bunt ist unser Latz!

ES PLAPPERT DAS KINDCHEN AM LAUFENDEN BAND

Melodie: Es klappert die Mühle am rauschenden Bach

Es plap - pert das Kind - chen am lau - fen - den
Band - plapp - plapp! Der Pa - pa brüllt laut: »Halt doch end - lich den
Rand!« – Plapp - plapp! Für __ ei - nen Mo - ment ist das Kind wirk - lich
still, doch nur, weil es kurz sei - nen Durst stil - len
will – plapp - plapp, plapp - plapp, plapp - plapp!

Kaum hat es geschluckt, fängt es schon wieder an – plapp-plapp!
Die Mama guckt rüber, so bös sie nur kann – plapp-plapp!
Und wie durch ein Wunder ist es wieder still,
doch nur, weil das Kind mal ins Brot beißen will –
plapp-plapp, plapp-plapp, plapp-plapp!

Das Brot noch im Halse wird weiter gequatscht – plff-plff!*
Geplappert, geschnattert, gequasselt, getratscht – plff-plff!
Der Papa denkt: Das hat das Kindchen von ihr.
Und Mama sagt: »Papa, das Kind kommt nach dir!«
plapp-plapp, plapp-plapp, plapp-plapp!

*Plapp-plapp mit vollem Mund

Sehr gerne, sehr gerne

Melodie: Laterne, Laterne

Sehr ger-ne, sehr ger-ne glotz ich in die Fer-ne. Ge-he
an mein Licht, ge-he an mein Licht – ich glotz al-les, so-gar den Bör-sen-be-richt.

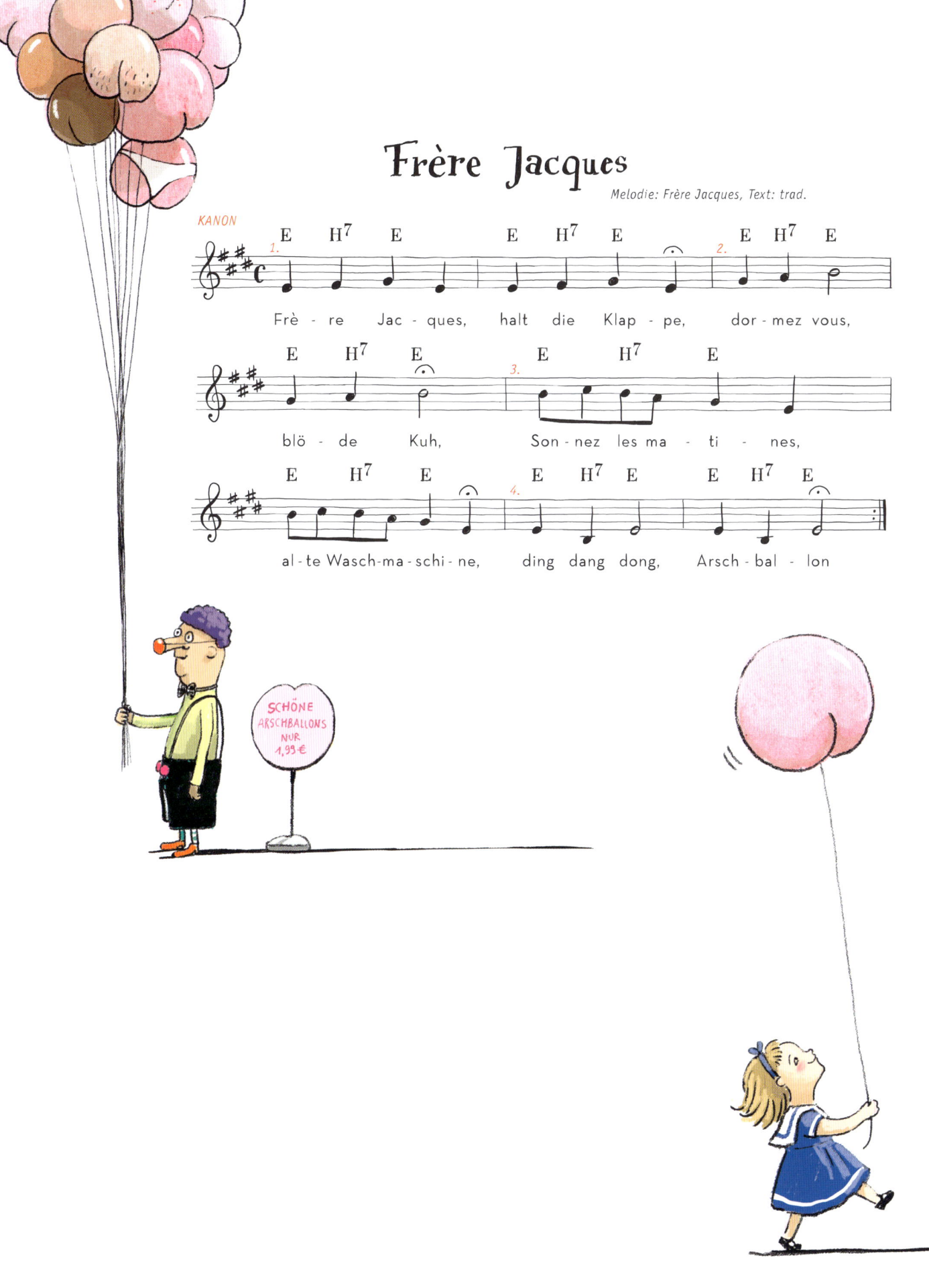

Guten Abend, gute Nacht

Melodie: Guten Abend, gute Nacht

Gu - ten A - bend, gute Nacht, ins _ Bett kurz vor Acht! _ Schlaf _

ein auf der _ Stell! Los, _ los, _ mach ganz schnell! Und wa -

rum? Weil Pa - pa ei - nen Kri - mi sehn will. Und wa -

rum? Weil Pa - pa ei - nen Kri - mi sehn will.

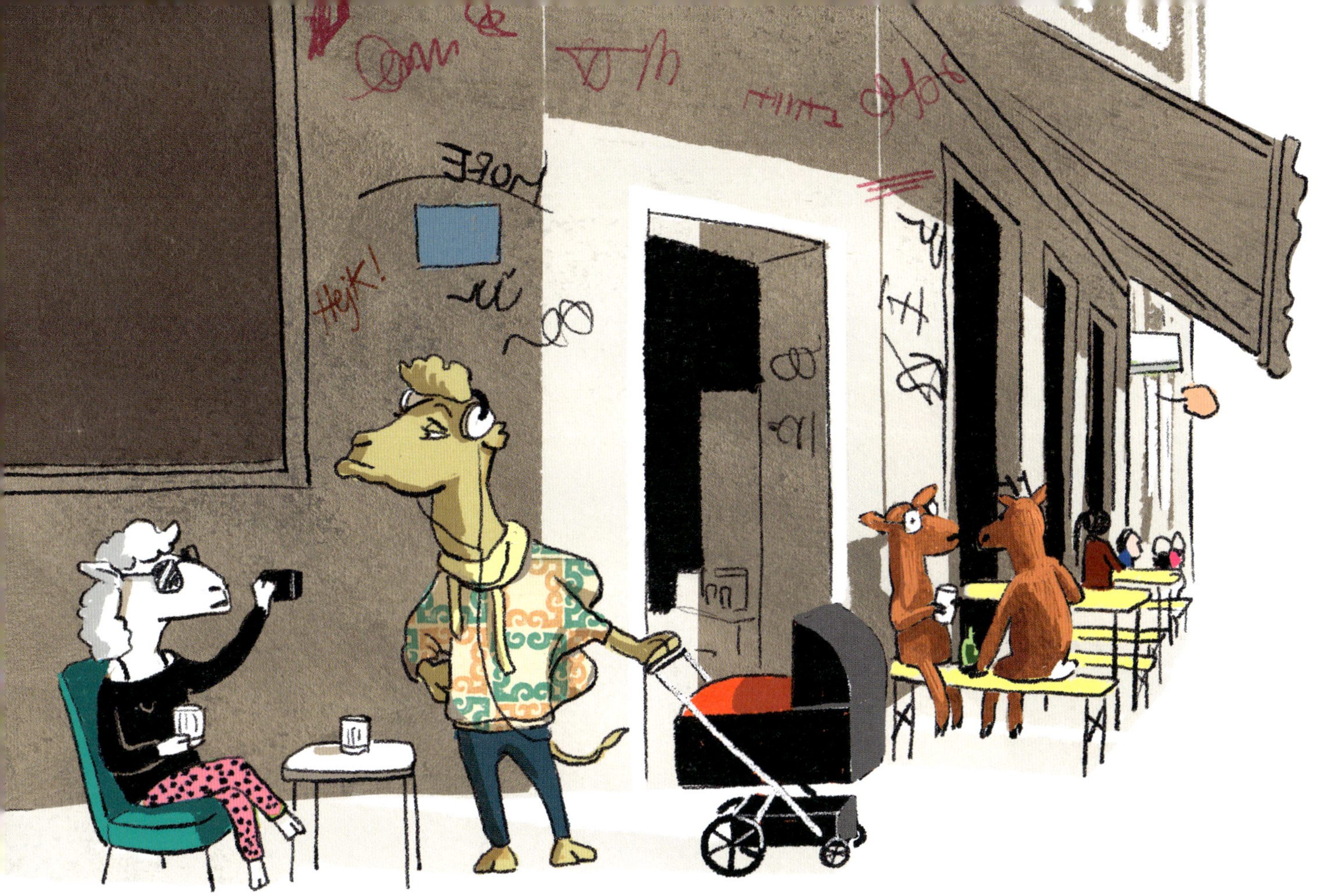

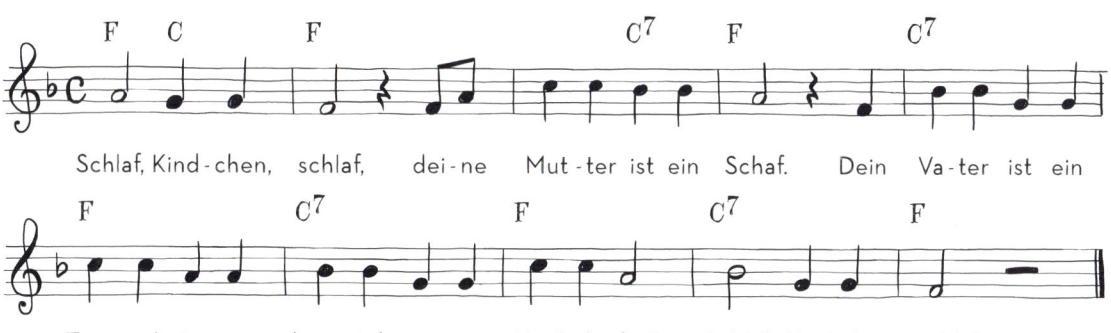

Schlaf, Kindchen, schlaf

Melodie: Schlaf, Kindchen, schlaf, Text: trad.

F C F C7 F C7
Schlaf, Kind-chen, schlaf, dei-ne Mut-ter ist ein Schaf. Dein Va-ter ist ein
F C7 F C7 F
Tram-pel-tier, was kannst du ar-mes Kind da-für? Schlaf, Kind-chen, schlaf.

Weißt du, wie viel Kindlein weinen

Melodie: Weißt du wie viel Sternlein stehen

Weißt du, wie viel Kin-der wei-nen und am A-bend trau-rig sind? Weil die
El-tern ein-fach mei-nen: Schuld an al-lem hat das Kind. Ach, ich
könn-te viel er-zäh-len, wie sie schim-pfen, brül-len, quä-len –, und in
viel zu gro-ßer Zahl _, und in viel _ zu gro-ßer Zahl.

Weißt du, wie viel Kinder lachen
und am Abend fröhlich sind?
Weil's die Eltern richtig machen,
wissen: Kinder sind noch Kind.
Ach, ich möchte euch gern loben,
denn ihr lasst die Kinder toben,
und sagt oft: Ich hab dich lieb,
und sagt oft: Ich hab dich lieb.

*Dieses Lied ist meinem lieben
Freund Burkhard gewidmet. W.H.*

58

Werner Holzwarth

Werner Holzwarth war früher Werbefachmann und
Professor. Heute ist er Autor. Seine Geschichte »Vom
Maulwurf, der wissen wollte, wer ihm auf den Kopf
gemacht hat« kennt jedes Kind. Als der Verlag einen
wunderbar albernen und reimgenialen Autor für diese
Liedersammlung suchte, war er genau der Richtige!

Lilli L' Arronge

War früher Studentin von Werner Holzwarth.
Mittlerweile schreibt und illustriert sie erfolg-
reich Bücher für Kinder und deren Eltern. Sie
singt gerne mit Mann, Tochter und auch Lotta
(siehe nächste Seite) - besonders, wenn die
Texte nicht ganz dem Original entsprechen.

Eva Lotta Stein

Startete ihre musikalische Laufbahn im Alter von 10 Jahren in der
2-Mädchen-Band »The blood-sucking pillowcases«. Jetzt ist sie
Sängerin in verschiedenen Bands und Lilli L'Arronges Chorleiterin.
Sie behielt den Überblick über das Musiker- und Kindergewusel und
koordinierte die meisten Aufnahmen.

Die Musiker

Aus dem reichen Fundus der Münsteraner Musikszene konnten
befreundete Instrumentalisten, verwandte Multitalente, singende
Nachbarskinder und brabbelnde Mitbewohner gewonnen werden
(der jüngste Mitwirkende ist noch keine 2 Jahre alt). Alle hatten
einen Riesenspaß, die Stücke einzuüben und aufzunehmen.

CD

Titel	Instrumentalisten • Sänger (Alter)
1	Alle meine Tantchen	*jacuzzi ensemble** • David (10)
2	Hein Vogels Hochzeit	*Fritz Quecksilber* • Fritz Quecksilber, Christina Brandherm-Laukötter, Lionel (4)
3	Ein Donut liegt im Auto	*Die Kernspaltung** • Die Kernspaltung
4	Dumm, dumm, dumm	Janne (9), Paula (8), Eva Lotta Stein
5	Von den blauen Bergen kommen wir	*Günther Jakobs, Simon Derpmann* • Simon Derpmann, Lennard (5)
6	Am Samstag Herr Bauer	*Thomas A. Gruber, Robin Völkert* • Valentin (15)
7	Der Mai ist gekommen	*jacuzzi ensemble** • Marlen (15)
8	Mein Höschen hat ein Loch am Po	*Markus Münsterteicher, Eva Lotta Stein* • Edith (12), Selma (10)
9	Grün und weiß	*Markus Münsterteicher* • Paula (8), Johannes (7), Lukas (10)
10	Ringel, Ringel, Reihe	*Benjamin Rodenstein* • Noah (6), Leyla (3)
11	O Tannenbaum	*Fritz Quecksilber* • Florentine (4)
12	Froh zu sein bedarf's nicht wenig	Robert und Christine Nippoldt, Selma (10), Johanna (4)
13	Gans, du hast den Fuchs gestohlen	Florentine (4)
14	ABC – im Klo stand mal ein Reh	*Günther Jakobs, Simon Derpmann* • Lennard (5), Inga (9)
15	Kacka, Kacka, ruft's aus dem Klo	*Günther Jakobs, Simon Derpmann* • Paula (3), Lennard (5), Inga (9)
16	Leise pieselt das Reh	*Robert Nippoldt* • Selma (10)
17	Es pupsen die Kinder	*Eva Lotta Stein, Markus Münsterteicher* • Edith (12), Marlen (15), Florentine (4)
18	Suse, liebe Suse	*Lisa-Marie Addens* • Florentine (4)
19	Väschen in der Stube	*Lisa-Marie Addens* • Edith (12)
20	Bunt sind schon die Wände	*Chr. Manchen, Chr. Kopp* • David (10), Lukas (10), Paula (8), Janne (9), Greta (12)
21	Kommt ein Pfeil angeflogen	*Christian Manchen, Christoph Kopp* • David (10)
22	Der Teig ist aufgegangen	*Thomas A. Gruber, Robin Völkert* • Valentin (15)
23	Der Yussuf und die Gretel	*Christian Manchen, Christoph Kopp* • Lukas (10)
24	Ein Röckchen, zwei Söckchen	*Günther Jakobs, Simon Derpmann* • Lennard (5), Inga (9)
25	Auf der Mauer, stinkesauer	*Benjamin Rodenstein* • Leyla (3)
26	Wenn ich ein Monster wär	*Fritz Quecksilber* • Fritz Quecksilber
27	Brüderchen, komm spiel mit mir	*Christian Manchen, Christoph Kopp* • Edith (12), Marlen (15)
28	Es tanzt ein Ri-Ra-Rotzemann	*Thomas A. Gruber, Robin Völkert* • Valentin (15)
29	Pickel ade	*Günther Jakobs, Simon Derpmann* • Lennard (5), Inga (9)
30	Hänschen Schwein	*Fritz Quecksilber* • Fritz Quecksilber, Christina Brandherm-Laukötter, Lionel (4)
31	Zehn kleine Milchzähnlein	*Fritz Quecksilber* • Fritz Quecksilber, Lionel (4)
32	Zeigt her eure Füße	*jacuzzi ensemble** • Lukas (10), Paula (8), Janne (9)
33	Wer will richtige Dreckspatzen sehn	*Benjamin Rodenstein* • Noah (6)
34	Es plappert das Kindchen	*Markus Münsterteicher* • Marlen (15), Florentine (4), Gabriel (4), Tim (1)
35	Sehr gerne, sehr gerne	*Lisa-Marie Addens, Eva Lotta Stein* • Edith (12)
36	Frère Jacques	*Günther Jakobs, Simon Derpmann* • Lennard (5), Inga (9)
37	Guten Abend, gute Nacht	Lisa-Marie Addens, Markus Münsterteicher, Florentine (4)
38	Schlaf, Kindchen, schlaf	*Eva Lotta Stein, Markus Münsterteicher* • Edith (12)
39	Weißt du, wie viel Kinder weinen	*jacuzzi ensemble** • Marlen (15), Edith (12), Selma (10), Florentine (4)

* *jacuzzi ensemble* sind: Gregor Poell, Sebastian Teichmann, Heike Gruber, Lotta Stein

* *Die Kernspaltung* sind: John Fleisch und Madison Schwinn